DER HIMMEL

Idee:
Christophe Hublet

Text:
Emilie Beaumont
Hélène Grimault

Illustrationen:
Marie-Anne Didierjean

Übersetzung aus dem Französischen
von Elena Wassmann

FLEURUS VERLAG

Den Himmel beobachten

In klaren Winternächten sind die Sterne besonders gut zu sehen. Am besten suchst du dir einen Platz fernab der Stadt: Ohne die störenden Lichter der Straßen und Häuser kannst du die Himmelskörper nämlich viel besser beobachten.

Bevor du durch das Teleskop schaust, solltest du deine Augen erst einige Minuten an die Dunkelheit gewöhnen. So siehst du Mond und Sterne besser!

Mit einem Fernrohr oder einem Teleskop kannst du einzelne Planeten oder die Krater auf dem Mond erkennen.

Auch mit bloßem Auge ist einiges zu entdecken: die Sternbilder etwa oder vorbeifliegende Satelliten und Flugzeuge.

Ein kleiner, leuchtender Punkt hoch oben am Himmel ist mit ziemlicher Sicherheit ein Satellit.

Am besten lassen sich Mond und Sterne im Liegen beobachten. Wenn du ein Fernglas benutzt, stütze die Ellbogen auf. So verwackelt nichts!

Tagsüber kannst du die Wolken beobachten und versuchen, Formen in ihnen zu erkennen: Gesichter, Tiere oder Pflanzen.

Vorsicht, schau nie direkt in die Sonne! Sie scheint so hell, dass man selbst mit Sonnenbrille erblinden kann! Die Sonne darf man nur mit Spezialbrillen betrachten, die es im Fachhandel zu kaufen gibt.

Wissenschaftler beobachten den Himmel mit riesigen Weltraumteleskopen. Von den großen Sternwarten aus erforschen sie das Weltall.

Die Sonne

Die Sonne ist ein gewaltiger Stern und viel größer als unsere Erde. Die Sonne bringt uns Licht und Wärme. Ohne sie gäbe es kein Leben auf der Erde: keine Pflanzen, keine Tiere und auch keine Menschen. Unser Planet wäre wüst und leer.

Die Entfernung zwischen Erde und Sonne ist ideal: Wären wir näher an der Sonne, würde alles verbrennen; wären wir weiter entfernt, wäre es zu kalt.

Die Erde umkreist die Sonne. Das dauert ein Jahr. Gleichzeitig dreht sich die Erde aber auch innerhalb eines Tages einmal um sich selbst. Die Seite der Erde, die dabei gerade der Sonne zugewandt ist, wird angeschienen: Es ist Tag. Die andere Hälfte der Erdkugel liegt im Dunkeln: Es ist Nacht.

Manchmal schiebt sich der Mond vor die Sonne. Dann wird es mitten am Tag dunkel. Eine Sonnenfinsternis darf man nur mit Spezialbrillen beobachten.

Im Winter steht die Sonne tief: Ihre Strahlen bringen nur wenig Wärme mit sich. Im Sommer dagegen steht die Sonne hoch am Himmel: Es ist warm.

Die Sterne
und andere Himmelskörper

Nachts funkeln am Himmel tausend und abertausend Sterne und man hat den Eindruck, sie würden nie aufhören, so zu leuchten und zu glitzern. Doch auch Sterne entstehen, existieren eine Weile und sterben – nur, dass sie Millionen Jahre alt werden können! Von der Erde aus wirken sie wegen der großen Entfernung winzig, dabei sind einige größer als unsere Sonne!

Einige Sterne leuchten besonders hell, andere weniger. Das hängt von der Größe des Sterns und seiner Entfernung zur Erde ab.

In manchen Sommernächten kann man einen wahren Sternschnuppenregen am Himmel beobachten – fast wie ein Feuerwerk. Schnell, wünsch dir was!

Manchmal stürzen Gesteinsbrocken aus dem Weltall auf die Erde: die Meteoriten. Ihre tiefen Einschlagstellen nennt man Krater.

Kometen bestehen aus Eis und Gesteinsstaub. Nähern sie sich der Sonne, dann schmilzt das Eis und wir sehen den Schweif des Kometen am Himmel.

Man hat die einzelnen Sterne zu Sternbildern geordnet. Hier siehst du den Großen Wagen, der auch Großer Bär genannt wird.

Der Mond

Der Mondschein erhellt die Nacht, doch eigentlich leuchtet der Mond gar nicht selbst: Er spiegelt nur das Licht der Sonne wider. Der Mond dreht sich um die Erde und ist viel kleiner als unser Planet.

Vielleicht sind beim Aufprall eines gewaltigen Meteoriten auf die Erde riesige Erdbrocken ins All geflogen. Aus ihnen könnte der Mond entstanden sein.

Viele Waldtiere werden erst im Mondschein aktiv.

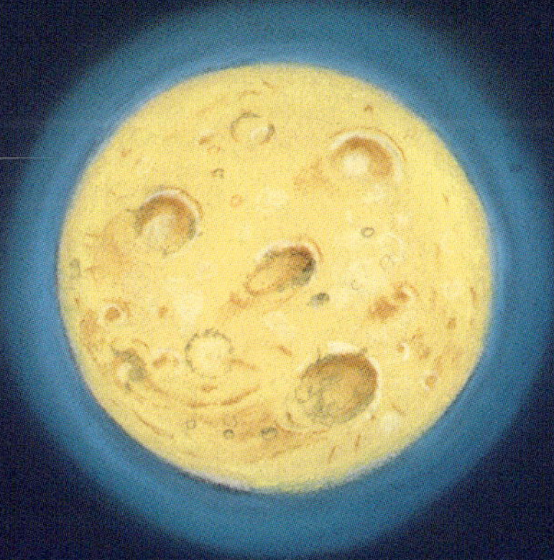

Wenn du den Vollmond betrachtest, sieht es aus, als hätte er ein Gesicht. Doch was wie Augen, Nase und Mund wirkt, sind die Mondkrater.

Auch Menschen waren schon auf dem Mond. Vier Tage waren die Astronauten in einer Rakete dorthin unterwegs.

Zweimal am Tag steigt oder fällt der Meeresspiegel. Das nennt man Ebbe und Flut oder die Gezeiten. Sie werden von der Anziehungskraft von Sonne und Mond verursacht.

Die Mondphasen

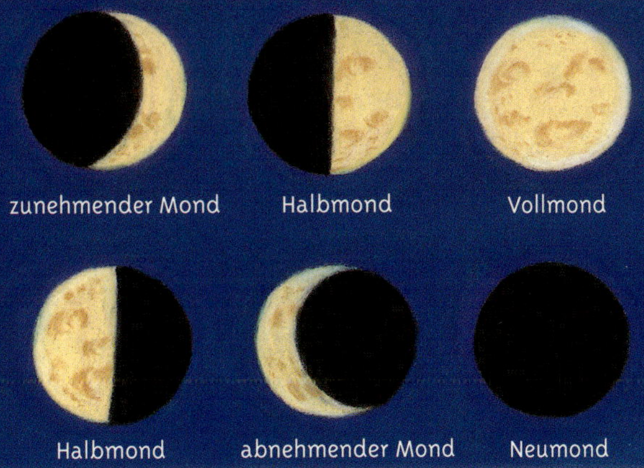

Der Mond behält immer dieselbe runde Form. Doch je nachdem, wie er von der Sonne angeschienen wird, sieht er für uns anders aus.

Die Wolken

Wolken sehen aus wie große Wattebäusche. Aber in Wirklichkeit bestehen sie aus Wasserdampf, wie er auch beim Wasserkochen entsteht. Es gibt große und kleine Wolken von ganz unterschiedlicher Form. Wolken bringen nicht immer Regen oder Schnee. Es gibt nämlich auch die so genannten Schönwetterwolken.

Blumenkohlartige Wolken nennt man Kumuluswolken. Sie bringen meist keinen Regen.

Die lang gezogenen Zirruswolken hoch oben am Himmel kündigen oft schlechtes Wetter an.

Auch die kleinen Schäfchenwolken, die Altokumuluswolken, bringen Regen.

Türmen sich Wolken zu richtigen Bergen auf, kündigt sich meist ein Unwetter an. Solche Wolkenberge nennt man Gewitterwolken oder Kumulonimbus.

Nebel ist nichts anderes als eine große Wolke in Bodennähe. Nebel wirkt wie dichter Rauch: Du kannst nicht weit sehen.

Über den Wolken, dort wo die Flugzeuge fliegen, ist der Himmel immer blau.

Wolken sind keine feste Masse. Sie lassen sich ebenso problemlos durchdringen wie Rauch: Flugzeuge fliegen einfach durch sie hindurch!

Schlechtes Wetter

Der Himmel sieht je nach Wetterlage anders aus: Bei schönem Wetter strahlt er hell und blau. Bei schlechtem Wetter verdunkelt sich der Himmel und große graue Wolken bringen Niederschlag in Form von Regen, Schnee, Graupel oder Hagel.

Regen ist nicht gleich Regen: Es gibt Platzregen mit dicken Tropfen oder leichten Nieselregen, kurze Schauer oder Dauerregen.

Bei starkem Regen bilden sich auf dem Boden Pfützen.

Bei einer Temperatur um den Gefrierpunkt verwandelt sich der Regen in Schnee. Die weißen Flocken rieseln sanft zur Erde und bedecken sie.

Im Winter oder bei heftigen Sommergewittern gefrieren die Wassertropfen in den Wolken: Es hagelt. Hagelkörner können großen Schaden anrichten.

Tornados sind gefährliche Wirbelstürme, die sich wie ein Kreisel drehen. Sie reißen alles mit, was auf ihrem Weg liegt: Autos, Hausdächer …

Auch in den Tropen gibt es heftige Wirbelstürme, die Zyklone. Diese Unwetter können selbst große Schiffe zum Kentern bringen.

Das Gewitter

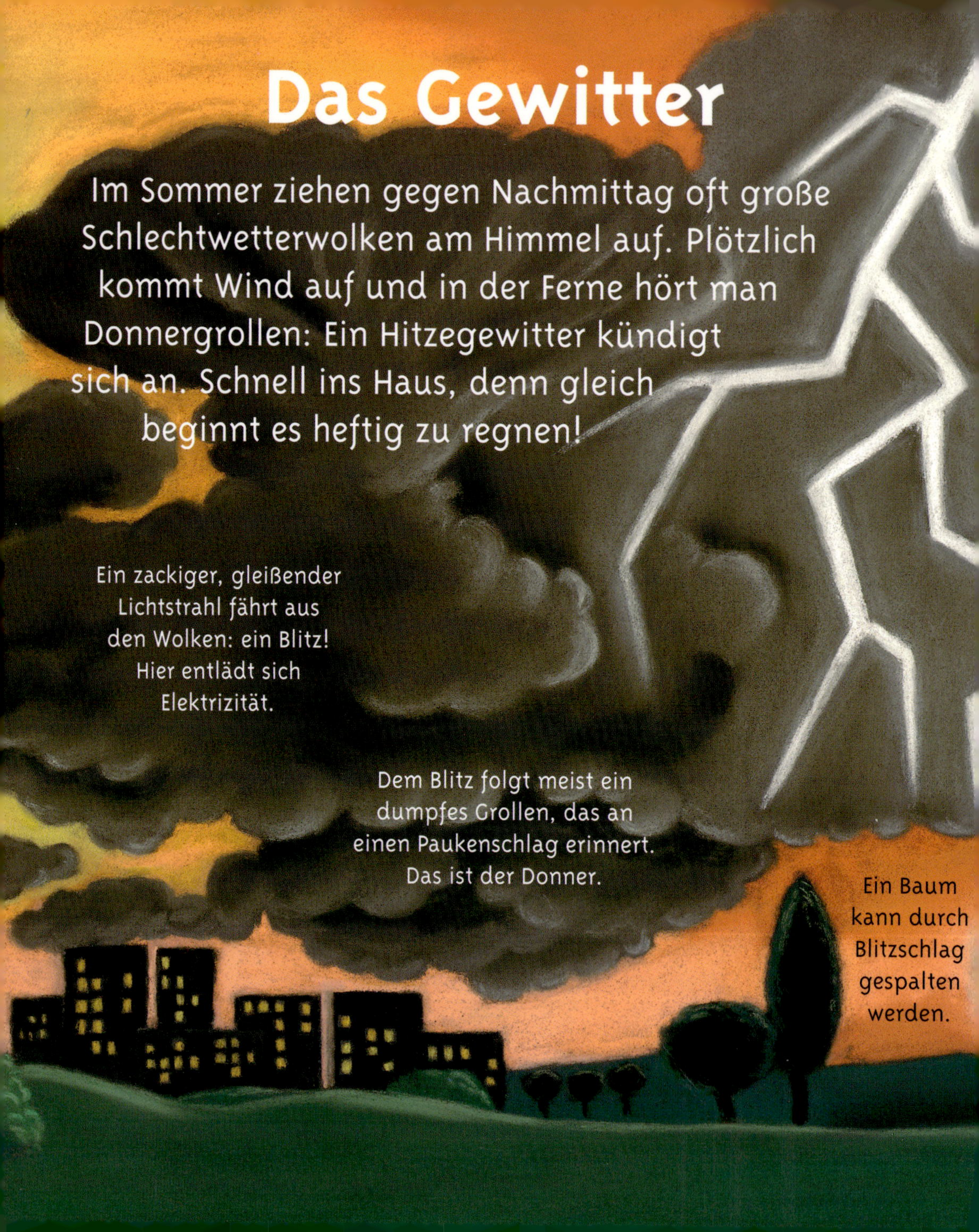

Im Sommer ziehen gegen Nachmittag oft große Schlechtwetterwolken am Himmel auf. Plötzlich kommt Wind auf und in der Ferne hört man Donnergrollen: Ein Hitzegewitter kündigt sich an. Schnell ins Haus, denn gleich beginnt es heftig zu regnen!

Ein zackiger, gleißender Lichtstrahl fährt aus den Wolken: ein Blitz! Hier entlädt sich Elektrizität.

Dem Blitz folgt meist ein dumpfes Grollen, das an einen Paukenschlag erinnert. Das ist der Donner.

Ein Baum kann durch Blitzschlag gespalten werden.

Um Häuser vor Blitzschlag zu schützen, bringt man auf den Dächern so genannte Blitzableiter an. Sie leiten die Blitze in die Erde ab.

In sehr heißen Regionen gibt es Gewitter ohne Regen: Es blitzt und donnert, aber alles bleibt trocken. Die Blitze können Brände verursachen.

Stell dich bei Gewitter nicht unter Bäume! Auch Zelte und Regenschirme mit Metallspitze sind gefährlich. Sie ziehen den Blitz an.

Die Farben des Himmels

Regenbogen entstehen, wenn es regnet und gleichzeitig die Sonne scheint. Besonders häufig siehst du sie nach einem Gewitter oder Platzregen. Regenbogen zeigen immer dieselben Farben in derselben Abfolge: Violett, Indigo, Blau, Grün, Gelb, Orange und Rot.

Einer Legende nach befindet sich am Ende des Regenbogens ein Schatz.

Du siehst den Regenbogen nur, wenn du mit dem Rücken zur Sonne stehst. Abends oder im Winter sind Regenbogen häufiger, weil dann die Sonne tiefer am Himmel steht.

Wenn die Sonne hinter einer Wolke verschwindet, sieht man ihr Licht manchmal in Form von breiten Strahlen dahinter hervortreten.

In den Bergen ist der Himmel bei schönem Wetter viel blauer als in der Stadt: Hier, fernab von Industrie und Verkehr, ist die Luft sauberer.

Ein weißer, leuchtender Ring um die Sonne kündigt im Winter schlechtes Wetter an.

Bei Sonnenaufgang und -untergang verfärbt sich der Himmel orange oder rosa. Manchmal wird er auch rot, ein Zeichen für aufkommenden Wind.

Die Erkundung des Alls

Der Himmel ist unendlich weit: Das Weltall ist grenzenlos. Jenseits der Himmelskörper, die wir von der Erde aus sehen können, folgen unzählige andere Sterne und Planeten. Die Erforschung des Weltraums ist ein alter Menschheitstraum.

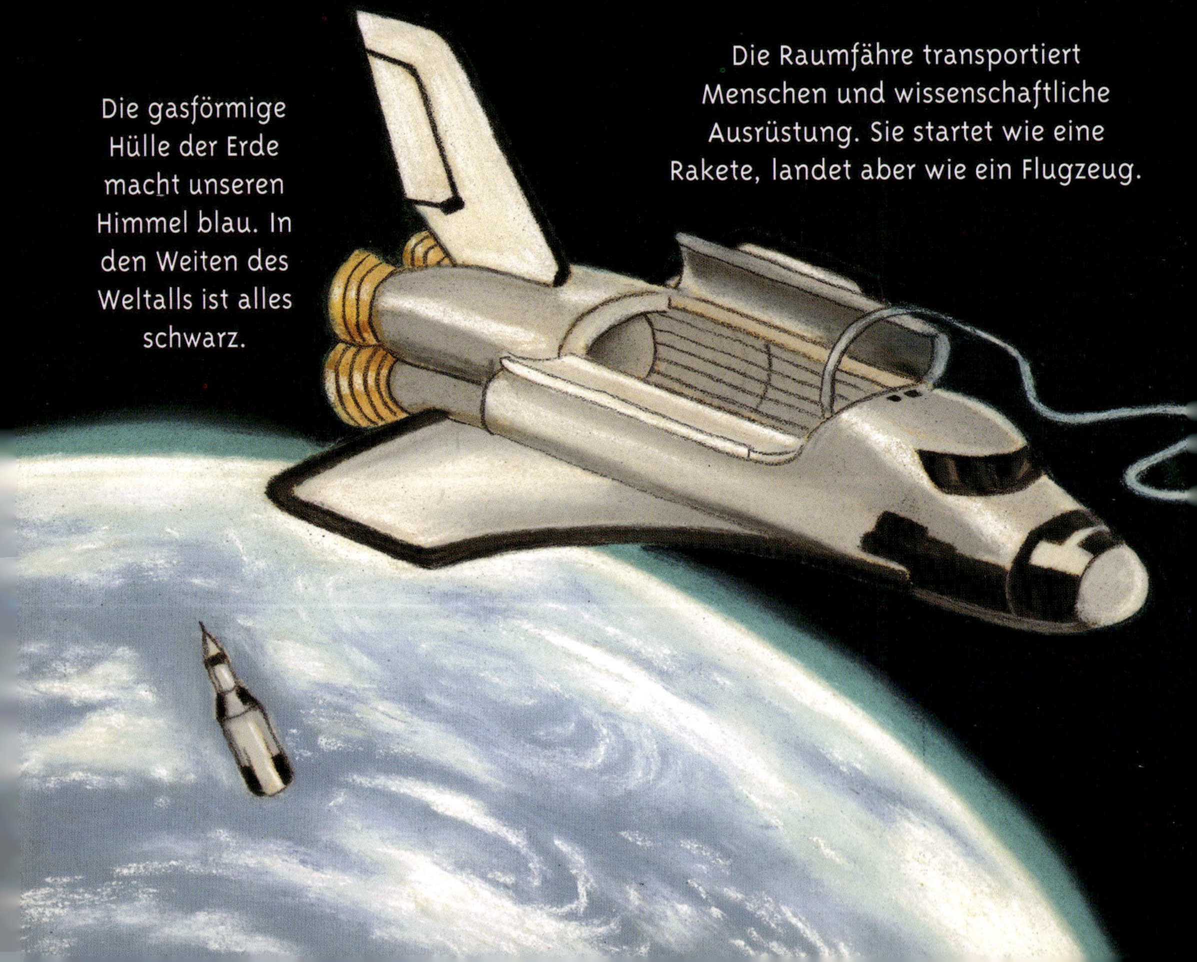

Die Raumfähre transportiert Menschen und wissenschaftliche Ausrüstung. Sie startet wie eine Rakete, landet aber wie ein Flugzeug.

Die gasförmige Hülle der Erde macht unseren Himmel blau. In den Weiten des Weltalls ist alles schwarz.

Nach dem Start werden die Feststoffraketen abgeworfen. Auch der Treibstofftank löst sich, sobald der Treibstoff verbraucht ist.

Um besonders weit entfernte Planeten zu erforschen, schickt man Weltraumsonden ins All. Sie schicken Fotomaterial zur Erde.

'enn die Astronauten das Raumchiff verlassen, tragen sie einen Raumanzug. Er versorgt sie mit Atemluft und schützt vor Kälte.

Man hat kleine Roboter entsandt, um den Planeten Mars zu erkunden. Wegen seiner roten Oberfläche wird er auch der Rote Planet genannt.